Inhalt

Süßwaren - Exportkrise trifft die Branche

Kernthesen

Beitrag

Fallbeispiele

Zahlen und Fakten

Weiterführende Literatur

Impressum

Süßwaren - Exportkrise trifft die Branche

Markus Hofstetter

Kernthesen

- Die deutsche Süßwarenindustrie verzeichnete 2012 ein Umsatzplus, doch Sorgen bereitet das Auslandsgeschäft, welches das erste Mal seit sieben Jahren rückläufig war.
- In den Süßwarensegmenten wiesen salzige Snacks wieder einmal das höchste Umsatzplus aus.
- Die deutschen Süßwarenhersteller versuchen mit unterschiedlichen Strategien den hohen Rohstoffpreisen Paroli zu bieten.
- Süßwarenhersteller und Lebensmitteleinzelhandel reagieren auf die Kritik an ihren Produkten, indem sie diese gesünder machen wollen.

Beitrag

Export der deutschen Süßwarenindustrie bricht ein

Die deutschen Süßwarenhersteller erhöhten von 2011 auf 2012 im Inland ihren Umsatz aufgrund von Preiserhöhungen um zwei Prozent auf 9,3 Milliarden Euro. Der Süßwarenkonsum der Deutschen ging aufgrund der Verteuerung leicht um 0,6 Prozent auf 2,6 Millionen Tonnen zurück. Der Pro-Kopf-Verbrauch von Süßwaren reduzierte sich entsprechend auf 31,81 Kilogramm im Wert von 113,6 Euro. Schlechte Nachrichten gibt es vom Exportgeschäft: Laut dem Bundesverband der Deutschen Süßwarenindustrie (BDSI) sind die Ausfuhrmengen 2012 erstmals seit 2005 gesunken, sie brachen um vier Prozent auf 1,68 Millionen Tonnen ein. Der Umsatz dagegen reduzierte sich wegen Preiserhöhungen nur um 0,3 Prozent auf 5,77 Milliarden Euro. Die deutsche Süßwarenindustrie beschäftigt 2012 in 220 Unternehmen als drittgrößte Branche in der Ernährungsindustrie rund 49 000 Mitarbeiter.

Insgesamt sind Süßwaren in Deutschland nach einer

Studie des Marktforschungsinstituts Nielsen im europäischen Vergleich von 20 Nachbarländern am billigsten. Der Preis für einen Warenkorb aus Markenprodukten liegt demnach hierzulande sieben Euro unter dem EU-Durchschnitt. (1), (2)

Salzige Snacks mit größtem Umsatzplus in den Süßwarensegmenten

Der Lebensmitteleinzelhandel, inklusive Drogerie Märkte, Tankstellen und Impulskanäle, erzielte in den ersten elf Monaten 2012 mit Süßwaren einen Umsatz von 10,97 Milliarden Euro. Besonders gut entwickelten sich die salzigen Snacks, deren Umsatz erhöhte um 7,6 Prozent auf rund 1,99 Milliarden Euro. Der Absatz stieg um 3,3 Prozent. Eine Hauptursache für das Umsatzplus waren die überproportional gesteigerten Promotionsumsätze, die um mehr als 14 Prozent nach oben kletterten. Nahezu alle Snacksegmente profitierten von einer gestiegenen Nachfrage, allen voran Kartoffelchips, Edelnüsse und Erdnusskerne. Ddie weit überdurchschnittliche Entwicklung der salzigen Snacks betraf alle Vertriebsschienen des Lebensmitteleinzelhandels. Verbrauchermärkte erzielten ein zweistelliges Umsatzplus, aber auch die Supermärkte verbuchten erhebliche Zuwächse. Die Discounter blieben im Umsatz und Absatz etwas hinter den Ergebnissen der Vollsortimenter zurück.

Schokoladenwaren erreichten in den ersten elf Monaten 2012 ein Umsatzniveau von rund 5,15 Milliarden Euro. Dies entspricht einem Plus von 1,5 Prozent, der Absatz ging dagegen um 1,9 Prozent zurück. Insbesondere die Umsatzentwicklung der Pralinen wurde durch vermehrte Promotionsaktivitäten gestützt. Insgesamt zeigten die Verbrauchermärkte in diesem Segment die beste Entwicklung. Das Umsatzplus fiel mit über vier Prozent weit überdurchschnittlich aus. Allerdings führten die gesteigerten Promotionsbemühungen nicht zu einer positiven Absatzentwicklung. Erfolgreicher waren die Discounter. Sie trieben vor allem in den Top-Segmenten Tafel, Riegel und Pralinen mit intensivierten Promotionsanstrengungen nicht nur die Umsätze nach oben, sie zeigten auch leichte Absatzsteigerungen.

Das schwächste Ergebnis lieferten im Berichtszeitraum die Zuckerwaren, obwohl auch hier die Promotionsumsätze zulegten. Der Gesamtumsatz ging um 0,5 Prozent auf rund 2,32 Milliarden Euro zurück, die Absatzmengen fielen um 1,2 Prozent. Geschuldet ist dies vor allem der schwachen Entwicklung bei Bonbons und Kaugummi.

Das Segment Gebäck erhöhte den Umsatz um 2,4 Prozent auf rund 1,50 Milliarden Euro. (2), [Abb. 1]

Süßwarenhersteller suchen Strategie gegen teure Rohstoffe

Wie bereits erwähnt ist 2012 der Export der deutschen Süßwarenindustrie eingebrochen. Eine Ursache ist die unbefriedigende Rohstoffsituation, vor allem bei Zucker. So ist der europäische Zuckerpreis doppelt so hoch wie das Weltmarktniveau. Damit verlieren die Süßwarenhersteller an Wettbewerbsfähigkeit gegenüber der Konkurrenz aus Asien und Lateinamerika. Zudem mussten einige Hersteller auf Exporte verzichten, weil es nicht genügend Zucker für die Produktion gab, so der BDSI. Belastet wird das Exportgeschäft zusätzlich durch labile Partner in den Zielmärkten. Mehr als ein deutscher Hersteller musste die Insolvenz seines Distributors in EU-Ländern verkraften. Für die betroffenen Unternehmen versiegt damit auf einen Schlag ein ganzer Absatzmarkt. Der Aufbau einer neuen Distribution ist nicht nur kostspielig, sondern auch zeitaufwändig.

Wie reagieren die Hersteller? Multinationale Unternehmen verstärken ihre Produktion in Werken außerhalb Deutschlands und der EU. Eine Strategie zur Auslastung der hiesigen Fabriken ist es, den Fokus weg von Europa hin zu Drittländern in Fernost, dem Mittleren Osten oder den BRIC-Staaten zu verlegen. Kleinere Unternehmen setzen verstärkt auf Exportallianzen mit anderen Herstellern, um das Risiko zu mindern. Branchenkenner halten beispielsweise eine gemeinsame Logistik für eine gute Variante, wenn die Produkte nicht in direktem Wettbewerb miteinander stehen. Kleinere deutsche Hersteller, aber auch Großkonzerne produzieren auch kleinere Packungen, die günstiger angeboten werden. (1), (3)

Süßwarenhersteller und Lebensmitteleinzelhandel reagieren auf Kritik an ihren Produkten

Die Kassenzone ist ein wichtiger Umsatzbringer für Süßwarenindustrie und Lebensmitteleinzelhandel. Obwohl der Check-Out nur ein Prozent der Verkaufsfläche einnimmt, trägt er im Schnitt 4,8 Prozent zum Umsatz und sogar 5,4 Prozent zu den Erträgen eines Marktes bei. Zu diesen Ergebnissen kommt das Kölner EHI Retail Institute in einer Studie. Mit einer Handelsspanne von durchschnittlich 35 Prozent sind Süßwaren hinter Kleineis die attraktivste und ertragreichste Warengruppe für den Handel. Zudem erwarten laut der Erhebung 73 Prozent der Käufer an der Kasse Süßwaren.

Doch Verbraucherschutzorganisationen und Nichtregierungsorganisationen wollen die Kassenzone gesünder machen, das heißt Süßwaren und andere kalorienhaltige Produkte daraus zu entfernen. Davon ist der Lebensmitteleinzelhandel angesichts der genannten Zahlen nicht leicht zu überzeugen. Bislang finden sich süßwarenfreie Kassen hierzulande meist vereinzelt bei einigen Selbständigen. Deutschlands größter Einzelhändler, die Edeka-Gruppe, verweist zum Beispiel darauf, dass es innerhalb des Verbunds bereits einige Märkte gebe, die eine oder mehrere süßwarenfreie Kassen haben oder sogar ganz auf jene Artikel in der Kassenzone verzichten. Kaufland verfügt seit vielen Jahren über süßwarenfreie Kassen, allerdings bleibt nur eine Kasse von vielen pro Markt frei davon.

Doch die Kassenzone ist nur ein Schauplatz der Auseinandersetzung zwischen Süßwarenindustrie und Verbraucherschutz- und Nichtregierungsorganisationen. In der Kritik stehen auch der Zucker und Fettgehalt von Süßwaren. Deswegen arbeiten die Hersteller daran, den Anteil von Zucker und Fett in ihren Produkten zu senken, ohne dass es dabei zu Geschmackseinbußen kommt. So investiert Mars hohe Beträge, um seine Süßwaren mit weniger Kalorien und gesättigten Fettsäuren zu produzieren. Der Süßwarenkonzern will zudem den Natriumgehalt in seinen Produkten bis zum Jahr 2017 um 25 Prozent senken. Mondelez hat nach eigenen Aussagen an den Nährwertprofilen seiner Artikel gearbeitet. So kommen beispielsweise die TUC-Cracker inzwischen mit halb so viel gesättigten Fettsäuren aus wie früher. Ferrero will die Kalorienzahl seiner Pralinen pro Stück um 30 Prozent mindern. Weniger Kalorien will auch der Süßwarenhersteller Mars in seinen Produkten. Bis Ende 2013 sollen keine Produkte mehr ausgeliefert werden, die mehr als 250 Kalorien enthalten. Wie man das Thema Gesundheit für Wachstum nutzen kann, zeigt der Kaugummihersteller Wrigley. Er baute die Umsätze seines Zahnpflegekaugummis der Marke "Extra" bis Herbst 2012 um rund fünf Prozent aus - in einem rückläufigen Markt mit einem Produkt, das vor mehr als 20 Jahren eingeführt wurde.

Aber auch die Eigenmarken des Handels können sich der Kritik nicht entziehen und müssen reagieren. So hat sich beispielsweise Real nach den Vorwürfen von Foodwatch über zu süße Frühstücksflocken mit dem Hersteller seiner Eigenmarke Real Quality abgestimmt, wie der Zuckergehalt weiterer Produkte gesenkt werden kann. (4), [Abb. 2]

Emotionale Bindung erhöhte Loyalität zu einer Marke

Eine Studie des Lehrstuhls für A&F Marketing an der Christian-Albrechts Universität in Kiel hat die Bedeutung der emotionalen Bindung an Marken im Süßwarensegment untersucht. Dazu wurden bei einer Online-Erhebung 712 Teilnehmer im Durchschnittsalter von 27 Jahren befragt. 78 Prozent der Befragten waren Frauen, die sich zu dreizehn Süßgebäckmarken äußerten. Die Ergebnisse der der Studie beziehen sich besonders auf die bekannte Marken Bahlsen, Leibniz, Griesson, DeBeukelaer, Manner und Oreo.

Die Forscher identifizierten drei Gradmesser für emotionale Markenbindung. Demnach kommt eine besonders starke Bindung zu einer Marke zustande, wenn das Markenimage dem angestrebten Selbstbild der Konsumenten am besten entspricht, so dass die eigene Selbst- und Außenwahrnehmung gefestigt wird. An zweiter Stelle stehen sentimentale Erinnerungen oder Kindheitserinnerungen. Mit dem Kauf einer Marke wollen die Verbraucher angenehme Erinnerungen zurückbringen. Als dritten Bestimmungsfaktor für die Herstellung oder

Vertiefung einer emotionalen Bindung nennt die Studie die Wahrnehmung als Traditionsmarke. An Traditionsmarken schätzen Verbraucher die zeitliche Stabilität und Authentizität, wodurch Vertrauen in die Marke entsteht. Für Frauen haben besonders die sentimentalen Erinnerungen einen verstärkenden Einfluss auf die Markenbindung. Auch mit zunehmendem Alter ergeben sich stärkere Einflüsse auf die Entwicklung einer emotionalen Markenbindung.

Natürlich sind die funktionellen Eigenschaften eines Markenprodukts wichtig für die Entwicklung einer emotionalen Bindung. Um diese zu erhöhen, kommen vor allem grundlegende Eigenschaften der Produkte in Frage, die sich auf den Geschmack oder Geruch des Produktes, dessen Qualität oder auch auf das Preis-Leistungsverhältnis beziehen. (5)

Fallbeispiele

Ritter - wächst vor allem im Ausland

Das schwäbische Familienunternehmen Ritter hat 2012 vor allem durch eine gute Entwicklung im

Ausland den Gruppenumsatz um 4,5 Prozent auf 345 Millionen Euro gesteigert. Der Anteil der Auslandsumsätze erhöhte sich von 35 Prozent auf 40 Prozent. Wachstumstreiber waren dabei Russland und Osteuropa. Auch die Umsätze im neu erschlossenen Vertriebskanal Travel Retail beispielsweise an Flughäfen haben sich nach Unternehmensangaben mit Wachstumsraten von fast 30 Prozent gut entwickelt. Hierzulande hat Ritter seinen Marktanteil bei Tafelschokolade nicht gehalten. Er sank aufgrund von Preiserhöhungen von 19,4 Prozent auf 18,2 Prozent in 2012. (6)

Wrigley - gibt mehr Geld für Werbung aus

In Deutschland will Wrigley 2013 kräftig wachsen. Der Marketingetat wird um 50 Prozent aufgestockt, die Ausgaben für Fernsehwerbung werden sogar um 70 Prozent hochgefahren. Unter dem Motto Mach Schluss mit anhänglichem Essen - für spürbar saubere Zähne preist Hollywood-Schauspieler Antonio Banderas im TV-Spot für Extra Professional die Vorteile des Kaugummis an. Wrigley hält in Deutschland derzeit einen Marktanteil von 75 Prozent. (7)

Zahlen & Fakten

Abbildung 1: Umsatzplus dank Preiserhöhungen

Umsatzentwicklung der Warenklassen* im Süßwarenmarkt

Warenklassen	Umsatz in Millionen Euro		Veränderung in Prozent
	2011 bis KW48	2012 bis KW48	
Schokoladenwaren	5 077,1	5 154,5	1,5
Zuckerwaren	2 334,8	2 324,1	-0,5
Salzige Snacks	1 847,2	1 987,2	7,6
Gebäck	1 470,2	1 505,4	2,4
Süßwaren gesamt	**10 729,3**	**10 971,3**	**2,3**

* LEH, Drogerie Märkte, Impuls, Tankstellen Quelle: Nielsen Entnommen aus: Lebensmittel Zeitung, 4/2013, S. 44, (2)

Abbildung 2: Süßwaren stark an der Kasse

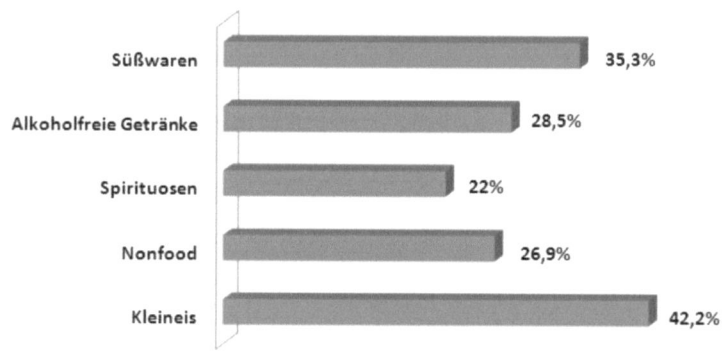

Entnommen aus: Lebensmittel Zeitung, 4/2013, S. 33 bis 36, (4)

Weiterführende Literatur

(1) Bittere Pille für die süße Branche
aus Lebensmittel Zeitung 04 vom 25.01.2013 Seite 010

(2) Salzige Snacks bringen die Kategorie voran
aus Lebensmittel Zeitung 04 vom 25.01.2013 Seite 044

(3) Exportkrise trifft süße Branche
aus Lebensmittel Zeitung 39 vom 28.09.2012 Seite 012

(4) Wachsen mit weniger Kalorien
aus Lebensmittel Zeitung 04 vom 25.01.2013 Seite 033

bis 036

(5) Süße Erinnerungen
aus Lebensmittel Zeitung 35 vom 31.08.2012 Seite 043

(6) Ritter wächst im Jubiläumsjahr
aus Lebensmittel Zeitung 04 vom 25.01.2013 Seite 012

(7) Wrigley zieht Abwehrwälle hoch
aus Lebensmittel Zeitung 07 vom 15.02.2013 Seite 036

Impressum

Süßwaren - Exportkrise trifft die Branche

Bibliografische Information der deutschen Nationalbibliothek

Die Deutsche Nationalbibliothek verzeichnet diese Publikation in der deutschen Nationalbibliografie; detaillierte bibliografische Daten sind im Internet über http://dnb.d-nb.de abrufbar.

ISBN: 978-3-7379-2515-0

© 2015 GBI-Genios Deutsche Wirtschaftsdatenbank GmbH, Freischützstraße 96, 81927 München, www.genios.de

Alle Rechte vorbehalten. Dieses Werk ist einschließlich aller seiner Teile – z.B. Texte, Tabellen und Grafiken - urheberrechtlich geschützt. Jede Verwertung außerhalb der Grenzen des Urheberrechtsgesetzes bedarf der vorherigen Zustimmung des Verlags. Dies gilt insbesondere auch für auszugsweise Nachdrucke, fotomechanische Vervielfältigungen (Fotokopie/Mikroskopie), Übersetzungen, Auswertungen durch Datenbanken oder ähnliche Einrichtungen und die Einspeicherung und Verarbeitung in elektronischen Systemen.